AGORA TUDO
É tabu?

QoT

AGORA TUDO É
MACHISMO?

astral
cultural

Copyright © 2023 QoT
Este livro foi elaborado pela Astral Cultural em parceria com o QoT. Todos os direitos reservados à Astral Cultural e protegidos pela Lei 9.610, de 19.2.1998.

Editora Natália Ortega   **Editora de arte** Tâmizi Ribeiro
Edição de texto Leticia Nakamura
Produção editorial Ana Laura Padovan, Andressa Ciniciato Brendha Rodrigues e Esther Ferreira
Revisão Carlos César da Silva e Fernanda Costa
Revisão técnica Carla Bernava, doutora em Sociologia pelo Programa de Pós-Graduação em Sociologia da Universidade de São Paulo (USP)
Capa e projeto gráfico Nine editorial

Dados Internacionais de Catalogação na Publicação (CIP)
Angélica Ilacqua CRB-8/7057

Q36a	QoT Agora tudo é machismo? / QoT. — Bauru, SP : Astral Cultural, 2023. 176 p. (Coleção Agora tudo é) ISBN 978-65-5566-333-4 1. Machismo 2. Patriarcado 3. Gêneros I. Título II. Série

23-6039	CDD 305.31

Índice para catálogo sistemático:
1. Machismo

BAURU
Rua Joaquim Anacleto Bueno, 1-20
Jardim Contorno
CEP: 17047-281
Telefone: (14) 3879-3877

SÃO PAULO
Rua Augusta, 101
Sala 1812, 18º andar
Consolação
CEP: 01305-000
Telefone: (11) 3048-2900

E-mail: contato@astralcultural.com.br

AGORA TUDO É MACHISMO?

Sempre foi. Mas já é hora de romper em definitivo com a estrutura opressiva que reforça os estereótipos de gênero e mantém as mulheres em posição subordinada na sociedade.

PREFÁCIO

Começo este texto com a frase de Angela Davis: "A política não se situa no polo oposto ao de nossa vida.

Desejemos ou não, a política permeia nossa existência, insinuando-se nos espaços mais íntimos.". Em que momento fomos convencidas de que a política era algo "à parte" das nossas vidas? E a quem isso beneficia? Certamente não a nós, mulheres, que reivindicamos em todos os espaços da sociedade, que somos seres humanos dignos de direitos, autonomia, paridade e, sobretudo, políticas efetivas de correção e necessidades específicas do que tem significado ser mulher em sociedade.

Quando dizemos que ser mulher é um ato político, estamos dando consciência ao fato de que ser mulher tem uma carga social muito forte, que é composta por diversos elementos. Eles nos limitam e definem nossos papéis muito antes do nosso nascimento. Então, quando Simone de Beauvoir disse: "Ninguém nasce mulher: torna-se mulher.", ela está dizendo, literalmente, que ser mulher é passar por um ritual de gênero, na sociedade, que a socialize para agir de acordo com um sistema de subordinação ao homem em todas as esferas sociais, o qual chamamos de patriarcado.

Ser político vai além da opressão quando visualizamos, na luta feminista, o resgate e a reconstrução de "ser mulher" para um local nosso. Portanto, ser mulher é também um ato político, por toda a nossa resistência coletiva e individual de viver. Na matemática do patriarcado, a conta nunca fecha. De acordo com uma pesquisa feita pela ONU Mulheres[1], 81% dos homens concordam que há machismo no Brasil, mas só 3% deles se consideram machistas. Observem que estamos falando de homens que conseguem reconhecer uma hierarquia de gênero na sociedade, mas não se visualizam como parte da própria hierarquia, ou melhor, agentes do problema. Por isso este livro começa com o capítulo "Nem todo homem, mas sempre um homem", falando da forma mais didática e urgente o que precisamos saber sobre a hierarquia de gênero.

Um dos sintomas da hierarquia de gênero e de toda a violência sofrida pelas mulheres na sociedade, é a rivalidade feminina, incutida na nossa socialização. Distanciar-se da irmandade e do sentimento de amor por outras mulheres é aniquilador. Algo que os homens não sofrem, afinal, quando eles pensam em direcionar seu afeto de admiração, respeito e inspiração às outras pessoas, é sempre para outros homens.

Se você é um homem e está lendo isso, pense em quais locais de afeto as mulheres ocupam na sua vida. Para além das mulheres da sua família, quem você admira? Quais nomes femininos inspiram você? E quantos deles são de mulheres negras, com deficiência, indígenas e trans? Já se você é uma mulher e não entende como a rivalidade feminina pode ser aniquiladora, saiba que ela é uma ferramenta violenta para nos distanciar umas das outras e definir locais de servidão ao homem. E se você é uma mulher branca, saiba que os apontamentos de mulheres negras sobre o racismo dentro de movimentos progressistas, como o feminismo, não é uma tentativa de rivalizar, mas de gritar, como tem sido desde sempre: "Eu também sou uma mulher, è o que dói em mim, mas não dói em você (racismo), você precisa agir politicamente para que pare de doer.". Precisamos fazer ecoar a dororidade para que a sororidade seja efetiva.

O núcleo familiar em que cresci foi o típico brasileiro: formado por mulheres que carregam as famílias nas costas, sem figura paterna. Minha mãe me criou com um salário-mínimo de merendeira escolar no interior de Pernambuco, com quase nenhuma rede de apoio. Fiz as pazes com a minha mãe depois de entender que ser mulher é um ato político, que ela era uma mulher para além de minha mãe e humanizá-la

Quando a mulher é negligenciada e cuida sozinha do filho, a ela chamamos de mãe solo. No Brasil, o número de mães solo passou de 11 milhões em 2022[2]. A maioria delas passa por uma maternidade compulsória, que é um conjunto de práticas sociais que levam as mulheres a uma maternidade não pensada.

Já ouvi aos montes a frase "camisinha tem até no posto de graça, engravida quem quer", algo completamente sem fundamento e desconexo com a realidade brasileira e mundial que não fornece às mulheres autonomia sobre seu corpo — o que, sim, abrange o aborto legal, seguro e gratuito, mas inclui também toda uma extensa agenda de direitos e educação reprodutiva. Esses direitos diminuem o índice de aborto de um país, que encara essa realidade como um crime por puro fundamentalismo, aliado ao controle do corpo feminino — e, apesar de termos avançado sobre direitos reprodutivos, ainda temos muito a avançar. Avanços e conquistas que tirarão, sobretudo, uma população feminina mais vulnerável da margem da sociedade, que são as mulheres negras, periféricas, pobres, com transtornos mentais e deficiências.

A interseccionalidade é uma ferramenta de análise, cunhada por Kimberlé Crenshaw — e não uma vertente feminista como algumas mulheres se intitulam, quando questionadas de qual vertente pertencem. É por meio da interseccionalidade que analisamos como as estruturas de poder nos afetam conjuntamente e não separadamente. As questões raciais dentro da dinâmica da feminilidade não podem ser separadas. Quando uma mulher negra é hipersexualizada, estamos diante de um problema não só de gênero, mas de raça e vice-versa. Não é sobre onde começa um e termina o outro. É sobre como o patriarcado e o racismo se relacionam juntos, afetando os corpos de mulheres negras.

Sou uma mulher autista, e só recebi o meu diagnóstico aos 23 anos, tardiamente, quando transitei de forma destrutiva pelo espectro autista, saindo do nível de suporte 1 para o nível de suporte 2, após anos sem o devido diagnóstico — aqui estamos diante de um problema não só de gênero, mas de psicofobia também, pois mulheres autistas são negligenciadas no processo de diagnóstico apenas por serem mulheres.

Portanto, não basta falarmos somente do patriarcado, como expressa as páginas deste livro que vocês lerão a seguir, há outras estruturas de poder coexistindo, e precisamos direcionar nossa atenção para essas violências cruzadas que nos afetam enquanto coletivo diariamente.

Lendo o livro *Agora tudo é machismo?*, revivi a chama que acendi ainda na adolescência para me tornar feminista: precisamos romper com o silêncio que nos persegue e dar as mãos ao coro feminista das que vieram antes de nós. Precisamos comunicar como a sociedade funciona, a falta de sentido em permanecermos nesses moldes, o que queremos e que o protagonismo é nosso!

Quando terminei o ensino médio, sem nenhuma perspectiva educacional, peguei o livro que tinha ganhado da minha professora de história Miriam — minha professora histórica —, *50 anos de feminismo: Argentina, Brasil e Chile*. Na obra, vi a retratação dos nomes femininos brasileiros que lutaram na ditadura militar e me perguntei por que não havia aprendido sobre elas na escola. Fui mais longe e me questionei quais eram as minhas referências intelectuais e de feitos históricos na sociedade, e, como era esperado, todas elas eram masculinas, tirando as mulheres à minha volta.

Foi então que decidi falar sobre mulheres históricas na internet, fundando a página @mulheres.historicas, na qual, ao retratar o legado e o protagonismo feminino do ontem, do hoje e do amanhã, falo do meu passado e construo o meu futuro. Tem tudo de mim naquilo que faço, e falar do legado de mulheres não seria diferente.

Então, para mim, foi emocionante ler o livro *Agora tudo é machismo?*, no qual fica evidente de quem é o protagonismo da luta feminista.

O empoderamento feminino é um acontecimento coletivo e individual. Individual porque é sobre se entender como ser político, que faz parte de uma minoria social e o quanto isso tem impacto na vida. Estamos expostas a violência doméstica, violências dentro da igreja, da escola, faculdade, trabalho. Somos vistas como incapazes por um sistema que insiste em remunerar mais aos homens, nosso trabalho no lar é invisibilizado e não remunerado, sofremos revitimização pelos órgãos públicos que deveriam ser preparados para lidar com as denúncias...

E, assim, como interseccionalidade e local de fala se tornaram termos deturpados depois de ir para o "mainstream", o mesmo aconteceu com empoderamento, quando se passou a acreditar que usar batom vermelho ou exibir nudez é empoderador.

Joice Berth, a maior referência teórica que temos hoje no Brasil sobre empoderamento, em minha opinião, sempre diz: "Ninguém se empodera individualmente, enquanto o grupo não estiver empoderado". Então, lembre-se sempre do que, de fato, é ser uma mulher empoderada e não pense que está caminhando sozinha para isso acontecer.

Como uma comunicadora nas redes sociais e na vida, defendo que a comunicação só acontece quando o que estamos dizendo é compreendido pelo outro, seja ele quem for, priorizando a importância e a transmissão da mensagem. *Agora tudo é machismo?* vai se comunicar com você de forma didática sobre temas urgentes que nós, mulheres, passamos na sociedade. O texto ecoa o injusto sistema que estamos inseridas e o quanto precisamos mudar isso de uma vez por todas, representando o ser mulher em toda sua diversidade.

E para todas as mulheres inconformadas com as violências que passamos, precisamos fazer do medo que sentimos ao andar na rua, dormir sozinha em casa, passar na frente de um grupo de homens etc., um motor de movimento, para que ele não nos paralise e, assim, a raiva que sentimos possa se tornar o nosso combustível.

Sempre foi machismo e este livro é um chamado para acabarmos com ele e para que você se entenda como um ser político!

Dara Medeiros,
comunicadora do feminismo
da história das mulheres em seu perfil
@mulheres.historicas.

SUMÁRIO

**NEM TODO HOMEM,
MAS SEMPRE UM HOMEM**   **23**

**A CULPABILIZAÇÃO
DA MULHER**   **57**

A DITADURA DA BELEZA   **83**

PARECE.E É.   **101**

**O QUE DÓI EM VOCÊ,
DÓI EM MIM**   **125**

CAPÍTULO

1

NEM TODO HOMEM, MAS SEMPRE UM HOMEM

Quando criança, alguma vez você ouviu a frase "esse brinquedo é de menino"? Ou, em outra fase qualquer da vida, alguém disse: "isso não é coisa de mulher"? Há também uma bem conhecida e que aparece com frequência em letras de música de diversos gêneros: "homem não chora". Já ouviu?

Esses são exemplos que, em um primeiro olhar, podem soar banais, mas que ilustram de maneira bem direta o que é o machismo, esse conjunto de ações e pensamentos construídos a partir do preconceito de gênero que dá base à crença, implícita ou não, de que homens são superiores às mulheres. É uma estrutura opressiva que reforça estereótipos de gênero e mantém as mulheres em posição subordinada na sociedade.

Em geral, os homens são definidos como fortes, protetores, provedores, e a eles é legada a função social de mandar, de acumular riqueza, de ocupar cargos de poder — na política e na vida —, de ter a voz ouvida e a opinião considerada sempre. Em contrapartida, as mulheres são com frequência definidas como frágeis e delicadas, além de ser esperado que sejam esposas fiéis, boas mães, excelentes donas de casa, que não falem alto e muito menos digam palavrões, não se exibam demais, "deem-se o respeito" e que dependam de um homem para serem felizes.

É comum que uma mulher que questiona esse sistema seja chamada de louca ou histérica. Quando se comporta com firmeza, alcança algum cargo de poder, se impõe e não aceita algum tipo de constrangimento, costuma ser chamada de grossa, mandona ou, ainda, é comparada a um homem. Você já ouviu a expressão "colocar o pau na mesa"? Então.

O machismo está tão enraizado nas relações sociais que chega a passar despercebido e é até mesmo normalizado. Assim como o classismo e o racismo, o sexismo — do qual o machismo faz parte — é estrutural. Isso significa que é uma das fundações da sociedade, motivo pelo qual se manifesta nas relações sociais e interpessoais, na política e na economia.

Talvez por isso ainda seja tabu falar sobre o tema. O machismo, por um lado, vitima os próprios homens — que são cobrados para que sejam viris, fortes, provedores, invencíveis, criando o que conhecemos hoje como masculinidade tóxica. Por outro, serve de sustentação para justificar o que jamais deveria ser justificável: as violências cotidianas que as mulheres e meninas sofrem no âmbito público, por meio do assédio sexual, silenciamento, desigualdade salarial e de oportunidades no mercado de trabalho, objetificação do corpo da mulher; e no privado, a cobrança alheia e a autocobrança sobre padrões de beleza, agressões verbais, psicológicas, patrimoniais e físicas, entre muitas outras.

Faz pouco mais de uma década que os movimentos feministas conseguiram aumentar — e muito! — sua visibilidade, em especial nas redes sociais, e ampliaram sua voz e sua vez no debate público. Uma prova cabal a esse respeito é a própria Lei do Feminicídio[3], aprovada em 9 de março de 2015, e que tipifica e agrava o assassinato de mulheres pela condição de ser mulher.

Parece uma questão meramente simbólica, mas não é. Na prática, antes da lei específica, todas as mortes de mulheres, fossem um latrocínio ou um assassinato planejado pelo ex-marido da vítima, eram tratadas da mesma maneira.

A partir da aprovação dessa lei, tem havido esforços para conscientizar a população de que tais crimes não são meramente "passionais", cometidos por "alguém que ama demais", e, sim, por um homem que se considera dono de uma mulher. Sendo sua posse, ela não tem o direito de seguir sua vida sem ele e/ou de escolher outra pessoa para ser seu companheiro ou companheira.

Para fins estatísticos, isso é reducionista, porque não é possível mensurar o tamanho da violência. E é essencial saber os dados reais de feminicídio para que a sociedade cobre políticas públicas que combatam tal violência.

Outra conquista bem relevante diz respeito à cobertura jornalística desse tipo de caso: a opinião pública passou a problematizar reportagens e manchetes que reforçam o machismo, tais como "foi estuprada porque estava andando tarde da noite na rua ou então porque estava vestindo determinada roupa" e "foi morta por ciúmes". Infelizmente, em especial em programas populares e sensacionalistas, ainda vemos esse tipo de menção.

Mas, de modo geral, hoje em dia há um cuidado para que não se cometa o erro de culpabilizar a vítima. Ou seja, de imputar a ela a responsabilidade pelo acontecido. Esse processo, aliás, é muito violento e também deixa marcas.

Distinções iniciais

Numericamente, as mulheres são maioria. Segundo os dados mais recentes do Instituto Brasileiro de Geografia e Estatística (IBGE), o número de mulheres superou em 4,8 milhões o de homens no Brasil. A população estimada em 2021 era de 212,7 milhões de pessoas. Desse total, 108,7 milhões (51,1%) são mulheres.

No entanto, são os homens que seguem em posições de destaque no mercado de trabalho, eles ainda recebem salário cerca de 22% maior do que as mulheres, mesmo quando ocupam cargo idêntico, e, ainda, os produtos direcionados ao público feminino custam mais caro do que o seu equivalente para o público masculino.

Há quem tente justificar tais fatos defendendo que "mulheres e homens são diferentes, e ser diferente não significa ser pior". A afirmação em si já traz um componente hierárquico embutido. Isso se dá porque, historicamente, as diferenças entre homens e mulheres têm sido mobilizadas para justificar desigualdades de poder entre os gêneros.

Se antes o discurso que defendia essas diferenças era composto por argumentos de cunho biológico ou natural que subordinavam as mulheres aos homens, não é raro que hoje venha acompanhado da defesa de que cada gênero contribui com a família e com a sociedade de forma específica, dando amparo à defesa de que cada qual fique em seu quadrado.

Nesse contexto, na década de 1970, quando feministas estadunidenses defenderam que as mulheres eram "diferentes, mas iguais", elas buscavam equidade de direitos e oportunidades em relação aos homens. A luta continua a ser a mesma, pois o machismo condiciona as mulheres a um lugar de inferiorização, de submissão e de desiguais oportunidades em relação aos homens.

Assim como outros tipos de dominação, o machismo acontece por meio de nossas ações e relações cotidianas. Suas raízes podem ser encontradas na sociedade patriarcal, cuja forma de organização favorece e privilegia os homens nas mais diversas funções.

Nessa configuração, a subordinação das mulheres e de seus filhos à autoridade paterna é a característica predominante, podendo-se intersectar com outros tipos de dominação baseados na cor/raça, na etnia, na idade, na orientação sexual e/ou identidade de gênero não normativa e na religião.

As diferentes formas de opressão

Quando se fala em dominação e opressão, há que se notar as diferentes experiências dos mais variados indivíduos na sociedade. A singularidade dessas experiências está atrelada à *interseccionalidade*. Esse termo foi sistematizado pela professora e ativista feminista Kimberlé Crenshaw, e descreve como as diferentes formas de opressão (como o racismo, o sexismo, a homofobia, a lesbofobia, a transfobia, a xenofobia e o classismo) se entrecruzam na vida das pessoas, criando experiências complexas de discriminação.

A opressão à existência da mulher não escolhe idade, cor, fé ou mesmo classe social. No entanto, a interseccionalidade nos ensina que, se alguém faz parte de outras minorias políticas, como ser negra, lésbica, pobre e/ou transgênero, as condições de opressão não se limitam apenas ao fato de ser mulher, mas também consideram esses outros recortes sociais, sendo cada qual com sua especificidade.

Não por acaso, a situação da mulher negra é objeto de estudo e de análises de militantes e autoras de ontem e de hoje, como Maria Beatriz Nascimento, Lélia Gonzalez,

Angela Davis, bell hooks, Djamila Ribeiro, entre outras tantas. Elas falam, cada uma a seu modo, sobre como o fato de ser mulher negra lhes traz violências nas mais diversas áreas da vida. Apesar de haver outras perspectivas feministas, hoje, o feminismo negro tem obtido mais protagonismo do que todos os demais.

Isso ocorre porque, durante a maior parte de sua história, o pensamento feminista privilegiou a situação das donas de casa brancas das classes média e alta dos países desenvolvidos. Essas feministas acreditavam que estavam falando por todas as mulheres, mas acabaram deixando de fora da discussão outros recortes interseccionais. Mulheres pobres, racializadas e oriundas de ex-colônias europeias não se sentiam representadas pelo feminismo.

Hoje, porém, a compreensão é outra. O feminismo que esquece que não há apenas um tipo de mulher e que as mulheres estão sujeitas a outras camadas de violência acaba vítima daquilo que sempre rejeitou.

Tal é a provocação que Lélia Gonzalez deixou para a posteridade, quando explica que isso é racismo por omissão e suas raízes se encontram em uma visão de mundo eurocêntrica e neocolonialista da realidade. "A mulher negra é o grande foco das desigualdades sociais e sexuais existentes na sociedade brasileira. É nela que se concentram esses dois tipos de desigualdade, sem contar com a desigualdade de classes. O que percebemos é que, na nossa sociedade, as classificações sociais, raciais e sexuais fazem da mulher negra um objeto dos mais sérios estereótipos", escreveu Lélia.

O patriarcado permeia todas as esferas da vida, incluindo a política, a economia, a cultura e a religião. Esse modelo de sociedade atinge as estruturas sociais de forma tão ampla que torna possível relacioná-lo conceitualmente com o processo de escravização. Isso ocorre porque, na sociedade patriarcal em que vivemos, o poder e a autoridade são detidos pelos homens, e as mulheres são subordinadas a eles, assim como em sociedades escravistas.

Vale pontuar ainda que, nas sociedades escravistas, as mulheres brancas também detinham o papel de agente da opressão em relação aos indivíduos escravizados, sejam eles homens ou mulheres — é nesse contexto que surge a interseccionalidade. A questão racial apresenta também extrema importância nesse debate: nessas sociedades, homens negros também foram submetidos a uma série de violações — até porque a figura opressora em questão era a do homem branco detentor de terras e fortunas.

As fases e as correntes do feminismo

O feminismo como o conhecemos vem se consolidando há mais de cem anos, período no qual houve várias fases — ou "ondas", como são mais conhecidas.

A primeira onda é a das sufragistas, as mulheres que lutaram por direitos básicos — e que hoje podem nos parecer corriqueiros —, como o direito ao voto. Essa fase, que se iniciou ainda no século XIX, teve expoentes ao redor de todo o mundo, como em diversos países da Europa pós-Primeira Revolução

Industrial, nos Estados Unidos e também no Brasil.

A segunda onda do feminismo, já no século XX, teve início na década de 1960 e focou na superação dos estereótipos que impedem que as mulheres possam ter acesso equitativo ao mercado de trabalho e na libertação da mulher como um ser "à sombra" dos homens.

Marcos importantes desse período foram a publicação da obra *O segundo sexo*, escrito pela filósofa Simone de Beauvoir, e também os protestos de mulheres em diversas cidades ocidentais nas cenas icônicas de queima de sutiãs.

A terceira onda, já em meados dos anos 1980, continuou a aprofundar a discussão sobre os direitos das mulheres, em especial sobre gênero, sexualidade e uma vida livre de violência. Alguns caracterizam esse momento como uma "guerra dos sexos", em virtude das discussões sobre assédio sexual e violências de gênero, sobre a experiência lésbica e também sobre as consequências da crise da Aids.

As ondas anteriores do movimento feminista, predominantemente eurocêntricas, cujas pautas tinham como foco privilegiar mulheres brancas e de classes sociais mais altas, acabaram gerando uma autocrítica dentro do próprio movimento por não incluir recortes de cor/raça e classe social, porque, afinal, não existem apenas mulheres brancas e da elite. Foi apenas a partir da terceira onda que esses recortes conquistaram maior projeção e protagonismo.

A quarta onda do feminismo, muito mais recente, apresenta características como o ciberativismo iniciado pelo movimento *#metoo*, a partir do qual retornam ao foco as discussões sobre assédio sexual, e uma preocupação latente com a interseccionalidade e a inclusão, agregando pautas sobre o racismo, a gordofobia e a LGBTQIAPN+fobia, por exemplo. Trata-se de um movimento que se dissemina em grande parte pelo alcance da internet e das redes sociais no século XXI.

Todo movimento social tem um histórico de lutas em que há divergências entre os próprios militantes. No feminismo, não é diferente. Hoje em dia, as correntes mais expressivas são o feminismo negro, o feminismo liberal e o feminismo radical. Todas essas correntes lutam contra as violências e pela liberdade de escolha da mulher sobre o próprio corpo, pelo direito à realização do aborto seguro, pela valorização da mulher na sociedade e por políticas públicas para as mulheres. A principal divergência entre essas correntes, no entanto, ocorre entre o feminismo liberal e o radical no que diz respeito à aceitação das mulheres trans enquanto mulheres.

O feminismo radical, como o próprio nome sugere, tem o objetivo de ir à raiz do problema, que, em sua visão, é a estrutura patriarcal. Tal estrutura seria determinada por causa da socialização dos indivíduos — ocorrida em razão de seu sexo biológico e determinante, desde antes do nascimento, para o tratamento recebido por essa pessoa na sociedade.

Entre as principais bandeiras do feminismo radical estão a luta pela abolição da prostituição e também da pornografia, cujas práticas contribuiriam para a objetificação sistemática e a mercantilização do corpo feminino.

O feminismo liberal, por sua vez, adota outra abordagem na luta por equidade. Essa corrente prioriza a inserção das mulheres nas estruturas e nos espaços de poder, como na representatividade política nas diversas instâncias. Essa vertente acredita que, por meio desse enfrentamento, é possível combater as desigualdades estruturais impostas pelo patriarcado.

Apesar de na vida pública e na internet existir essa discussão entre as "radfem" (abreviação do termo "feminista radical") e as feministas liberais, academicamente assim como na luta política — ou seja, tanto na prática política quanto em termos de produção de conteúdo acadêmico —, as feministas negras se destacam principalmente porque no Brasil as perspectivas interseccionais são divulgadas por meio do feminismo negro, sendo, portanto, o maior responsável pela promoção do pensamento interseccional.

"Feminista, não! Feminina"

Você já deve ter se deparado nas redes sociais ou ainda ouvido essa frase alguma vez, certo? É mais uma afirmação questionável que busca desqualificar a luta feminista e, de quebra, reitera as ideias machistas acerca da feminilidade. Esse conceito completamente equivocado é perpetuado pelos estereótipos acerca da mulher e uma suposta "feminilidade" que lhe é obrigatória, na visão do senso comum.

Esses estereótipos envolvem o que a sociedade espera ser o comportamento de um homem e de uma mulher. Alguns teóricos sobre o tema chamam tal comportamento de "performar" masculinidade e feminilidade. Na prática, o que estamos falando aqui é que existem atitudes como ser o provedor do lar, abrir a porta do carro, pagar as contas, bancar o durão e não demonstrar qualquer emoção, que são consideradas alinhadas com o que essa sociedade espera do comportamento de um homem. Isso é "performar a masculinidade", de acordo com a sociedade cis-heteronormativa.

Seguindo a mesma lógica, agir como se fosse alguém frágil, usar salto alto e roupa justa, ter o cabelo impecável e usar maquiagem são atitudes que se esperam de uma performance do gênero feminino.

Por isso, a frase "Feminista, não! Feminina" é mais uma tentativa de manter a hegemonia do patriarcado e desqualificar as vozes que lutam contra essa estrutura. Os estereótipos criados e propagados especialmente com o crescimento desse tipo de debate nas redes sociais têm o intuito de ofender e ultrassimplificam conceitos.

Um dos principais estereótipos divulgados por essa mentalidade é o da "mulher-macho" (perceba a conotação negativa ligada a uma suposta ausência de performance da feminilidade construída socialmente), que, segundo os machistas que criaram o termo, é a mulher que costuma ter cabelos curtos, não se depilar e falar palavrão.

Outro exemplo comum desses estereótipos é o da "solteirona malcomida", que sai para o bar a fim de tomar cerveja sozinha.

Quantas vezes, nas redes sociais, alguma mulher que ousou criticar práticas machistas não foi chamada de malcomida ou, ainda, aconselhada a procurar um pênis, denotando outro elemento da cultura machista que é o falocentrismo (a ideia de que o órgão sexual masculino é signo de poder e está no centro de toda e qualquer relação).

Essas ofensas são tentativas de desqualificar a mulher que tem opinião, que se posiciona, que não se submete a grosserias, que denuncia práticas de opressão, que, enfim, vive em sua plena liberdade e como bem entender. Ao lutar por sua autonomia, a mulher incomoda o *status quo*, porque não corresponde às expectativas sociais de como seu gênero deve se comportar. A liberdade do oprimido ofende seu opressor. É justamente por isso que mulheres feministas costumam ser atacadas e difamadas, muitas vezes — e infelizmente —, por mulheres que, ao valorizarem as performances femininas, parecem não perceber que as feministas estão lutando pela liberdade de todas as mulheres, inclusive as daquelas que as criticam, para que possam viver e se comportar como quiserem, com dignidade e respeito.

Masculinidade e feminilidade?

São questionamentos fundamentais: afinal, o que são masculinidade e feminilidade? E mais: como cada indivíduo ajuda a reproduzir e perpetuar o machismo? Sobre o quanto a concepção de masculinidade e feminilidade (e dos papéis sociais decorrentes desses conceitos) foi contaminada por ele?

Há muitas formas de responder a essas questões e essas múltiplas possibilidades podem representar uma armadilha. Do ponto de vista de identidade de gênero, é como um ou outro se identifica e se percebe no mundo. Há quem se identifique como homem ou mulher, mas há quem não se identifique com nenhum dos dois ou com ambos.

Ser homem ou mulher passa por uma questão pessoal e também de construção social, muitas vezes atravessada por um componente fortíssimo de machismo. O resultado é a binaridade de gênero, uma das formas pelas quais essa opressão é perpetuada, já que as pessoas são pressionadas rumo a um conformismo em relação às normas de gênero estabelecidas, frequentemente associadas a papéis e comportamentos estereotipados e limitantes.

Segundo a lógica binária dominante, ou você é homem ou é mulher e deve se comportar de acordo com o que se é. Não há outros arranjos possíveis segundo essa forma de pensamento.

Essa pressão pode levar à discriminação contra pessoas que não se encaixam nos papéis de gênero preestabelecidos, que são intersexo ou ainda que se identificam como pessoas não binárias.

É importante reconhecer que a binaridade de gênero é uma construção social e cultural, e que existem muitas culturas ao redor do mundo que reconhecem gêneros não binários ou múltiplos. A diversidade de gênero precisa ser reconhecida (e celebrada) e cada pessoa deve ter preservado o próprio direito de se identificar como quiser, sem sofrer discriminação ou preconceito.

A propaganda como criação de estereótipos

Não faz muito tempo que famosas marcas de cerveja vincularam o produto a uma exclusividade de consumo para homens — como se mulheres também não gostassem e consumissem cerveja. Tanto é que as narrativas das peças publicitárias frequentemente uniam a cena de amigos (todos, óbvio, homens) em uma mesa de bar, quando por ali passava uma "gostosa" (uma mulher com atributos que seguem o padrão de beleza vigente) com pouca roupa e, no final, algum deles "se dava bem" com a bebida e a mulher. Não raro, a figura da mulher sexualizada era a da garçonete, que estava a serviço daqueles homens.

Mas essa lógica não se resume a um único tipo de produto. O sexismo está muito presente na história da publicidade. Nas décadas de 1950 e 1960, as propagandas de produtos de limpeza retratavam as mulheres como donas de casa felizes e submissas que estavam sempre prontas para limpar o ambiente doméstico.

As propagandas em questão sugeriam que as mulheres eram naturalmente habilidosas na limpeza, que isso era parte essencial de sua identidade feminina e que, por extensão, caberia aos homens simplesmente serem servidos depois de ficarem o dia todo trabalhando fora de casa.

Situação semelhante aconteceu por muito tempo também com os produtos de beleza: as mulheres eram retratadas como seres inferiores, inseguras e dependentes de seus maridos para conseguirem se sentir bonitas e valorizadas. Tais propagandas sugeriam que as mulheres não poderiam ser felizes ou bem-sucedidas a menos que atendessem aos padrões de beleza impostos pela sociedade.

E, por fim, o exemplo clássico é o das propagandas de carros que, assim como o exemplo da cerveja, retratavam mulheres como se fossem objetos sexuais, atraídas pelos homens que dirigiam esses automóveis. Essas propagandas sugeriam que os homens poderiam ter qualquer mulher que quisessem, desde que tivessem o carro certo. Essas propagandas também retratavam as mulheres como frágeis, emotivas e burras, incapazes de entender as características técnicas desse — e de outros — tipo de máquina.

Felizmente, esses padrões que reforçam estereótipos passaram a ser questionados e, hoje em dia, muitas empresas têm trabalhado para mudar percepções do tipo e promover a equidade de gênero em suas campanhas publicitárias.

2

A CULPABILI-ZAÇÃO DA MULHER

Imagine o seguinte cenário: uma mulher chega à delegacia após sofrer um estupro. Bastante abalada com a violência brutal, suas roupas estão rasgadas e ela apresenta marcas de agressão visíveis pelo corpo — além das não visíveis, mas igualmente doloridas, na alma.

No local, é questionada pelo delegado a respeito do horário em que estava andando na rua. Em seguida, ele quer saber se ela estava sozinha ou acompanhada. Por fim, desde o momento de registro da ocorrência do crime sofrido por ela até depois, ao relatar o acontecido a seu círculo de convivência, escuta comentários do tipo: "Também, com essa roupa, estava pedindo, né?" ou ainda "Nesse horário, sozinha, isso não é coisa de mulher direita".

Esse tipo de reação é uma manifestação de machismo que pretende colocar a vítima no lugar de culpada. No caso exemplificado, houve uma deturpação do evidente fato de que um criminoso violentou sexualmente uma mulher, mas a sociedade tenta encontrar justificativas no comportamento, nos hábitos e até mesmo nas roupas da vítima.

Na lógica machista, a culpada é sempre a mulher, enquanto os seus abusadores se protegem por meio de argumentos que buscam justificar o ato ou incriminar a vítima.

Segundo o 16º Anuário Brasileiro de Segurança Pública, publicado em 2022, 45 mulheres foram estupradas por minuto no

Brasil no ano de 2021. O número representa um aumento de 4,2% dos casos em comparação com o ano anterior, sendo que 75,5% das vítimas eram vulneráveis, incapazes de consentir o ato sexual, e 61,3% das vítimas de violência sexual tinham até 13 anos. É importante fazer a diferenciação entre faixa etária e vulnerabilidade.

O estupro de vulnerável, por exemplo, pode acontecer também contra uma mulher maior de idade que esteja alcoolizada. Nesse sentido, ela é incapaz de consentir, ou seja, de permitir que o ato sexual aconteça. Logo, é estupro. Consentimento, aliás, é a uma palavra muito importante quando o assunto é combate à violência sexual contra mulheres. E o consentimento só é válido quando é dado livremente, informado e sem pressão ou coerção.

Durante o primeiro ano da pandemia de Covid-19, os dados sobre violência sexual apresentaram queda, mas não devemos nos deixar enganar. Isso aconteceu muito mais pela dificuldade das vítimas quanto ao acesso de locais para denúncia do que propriamente uma redução no cometimento do crime. Mais uma vez os dados nos auxiliam a entender isso: a maior parte dos casos de estupro acontece em ambiente conhecido pela vítima, como dentro de casa, por um agressor também conhecido por ela.

O mesmo anuário citado anteriormente aponta que, a cada dez casos, oito são conhecidos da vítima (pai, padrasto, avô, tio, primo, amigo, vizinho). Além disso, no cenário de violência sexual infantil, os meninos também são vítimas, embora os dados mostrem que, ainda assim, as meninas são maioria. Um estudo realizado em 2021 pela Unicef e pelo Fórum Brasileiro de Segurança Pública mostram o seguinte: nos cerca de 45 mil estupros de crianças e adolescentes ocorridos anualmente, 86% das vítimas são meninas e 14% são meninos.

Assim, entende-se que a engrenagem machista também afeta em diversos níveis, inclusive sexualmente, a fase mais promissora da formação de um ser humano: a infância, e deixa marcas eternas na existência dessas pessoas.

Dentre essas possíveis marcas estão a dificuldade para manterem relacionamentos sociais saudáveis no futuro, desenvolver bloqueios psicológicos, problemas para demonstrar afetividade e reconhecer que o amor, que por definição deve ser acolhedor, não é violento.

Violência doméstica: o silêncio como arma para o agressor

Existe um mito de que a violência doméstica acontece apenas contra um grupo específico de mulheres. Isso só seria verdade se a força motriz para esse tipo de agressão não fosse justamente as relações de gênero. O machismo não escolhe vítima.

É óbvio que há diferenças nas experiências de mulheres mais vulneráveis (pobres, negras, LGBTQIAPN+, por exemplo) no quesito violência doméstica, em razão da já mencionada interseccionalidade. Mas, definitivamente, a própria condição de ser mulher basta para que alguém esteja sob o risco constante de sofrer alguma violência.

A verdade é que, infelizmente, a violência em relacionamentos afetivos é uma realidade dolorosa de milhares de mulheres. Em sua grande maioria, ela acontece na vida privada/ íntima, mas que não costuma reverberar na esfera pública, ou seja, aparenta-se uma saudável normalidade de um casal feliz e que vive em harmonia.

A exposição dos afetos nas redes sociais contribui para essa espécie de cortina de fumaça. Ou vai dizer que não conhece um casal que faz declarações de amor nas redes sociais, mas na intimidade vive um relacionamento abusivo? É o conto de fadas do Instagram que, em um olhar mais atento a partir de uma lupa consciente, vira um filme de terror.

Também segundo o 16º Anuário Brasileiro de Segurança Pública, mais de 230 mil mulheres denunciaram algum tipo de violência doméstica em 2021. Ou seja, duas mulheres são agredidas por segundo no

Brasil. Os pedidos de ajuda pelo número de emergência — 190 — aumentaram 4% em relação ao ano anterior e foram concedidas 370.209 medidas protetivas de urgência, um crescimento de 13,6%.

As medidas protetivas surgiram com a Lei Maria da Penha (Lei nº 11.340), sancionada em 7 de agosto de 2006, e que ganhou esse nome em homenagem a uma mulher que sofreu duas tentativas de feminicídio pelo marido e ficou com sequelas para o resto da vida. Esse mecanismo busca impedir, por exemplo, que um agressor já denunciado se aproxime da vítima e tente repetir ou até escalar uma violência para uma tentativa de feminicídio.

O Ministério Público de São Paulo lançou um estudo chamado "Raio-X do feminicídio", que aponta que nos 364 feminicídios analisados, 97% das vítimas não tinham medida protetiva. Isso significa que, apesar de muitas vezes haver dificuldade em fiscalizar o cumprimento da medida protetiva, na maioria dos casos ela se provou eficaz. Em 3% dos casos, o criminoso descumpriu a ordem judicial e materializou a ameaça em estatística.

O mesmo levantamento apontou que o motivo principal para o feminicídio é o término da relação por desejo da mulher e, na sequência, ciúmes e sentimento de posse por parte do homem. Junto a esses elementos, aparece listado o machismo.

É relativamente recente a alteração no código penal para tipificar o assassinato de mulheres em razão do gênero e criar penas mais duras, como se fossem agravantes. Foi precisamente em março de 2015. Essa diferenciação de um assassinato comum para um feminicídio foi um grande passo por duas importantes razões: a primeira diz respeito à punição; a segunda, porque permite visualizar em dados o verdadeiro cenário da violência de gênero contra as mulheres e cria condições de bolar estratégias e políticas públicas para combater esse fato.

O primeiro passo para combater a violência de gênero contra as mulheres é compreender o ciclo da violência. É muito raro uma mulher ser simplesmente assassinada pelo ex-companheiro sem que, antes, essa relação não tenha sido marcada por diversos abusos.

O ciclo de violência tem três fases e, quando não interrompido, pode acabar em feminicídio. Se aos olhos de uma sociedade machista o homem é maior, é dominador e tudo pode, ele se sente também dono da mulher, que, por sua vez, é colocada nesse lugar de subserviência. Por consequência, essa mulher subserviente se cala — seja por medo, por falta de suporte financeiro ou mesmo por não se reconhecer nessa estrutura. Nesse ponto, calar-se pode ser fatal.

A primeira fase é a tensão da relação: o homem faz acusações a respeito do comportamento da mulher, faz cena de ciúmes, briga por motivos banais (como um corte de cabelo, uma roupa justa ou alguma amizade que a companheira tenha). Teorias mais recentes definem esse comportamento abusivo detectável na que pode incluir um comportamento denominado "gaslighting".[4] A segunda fase é a da violência efetiva, quando ofensas e estratégias de controle escalam para ameaças, agressões físicas (como um tapa, um soco ou um chute), e até mesmo violência patrimonial, que é quando o homem usa do controle que pode ter do dinheiro naquela relação para punir a mulher por algo que ele diz que ela fez. Mais uma vez, a mulher é colocada no papel de responsável pela violência sofrida. A terceira fase é a do suposto arrependimento, quando o homem manifesta carinho, compra flores e promete que vai mudar. Mas não muda. A vítima se cala, dá seu voto de confiança e pode voltar à primeira fase do ciclo ou, pior, pode acabar sendo morta.

A série *Você* (2018) fez muito sucesso no serviço de streaming Netflix e aborda a violência de relações a partir da crença de que a mulher é propriedade do homem, um traço machista. Embora possa ter alguns exageros possíveis para fins de ficcionalização, a produção fala de algo muito fundamental que é o stalking (ou "perseguição", em tradução livre). O protagonista Joe persegue a mulher objeto de seu desejo até conseguir estabelecer uma relação com ela e, então, a prende em uma redoma emocional e, por vezes, até mesmo física.

Em 2022, o levantamento do Fórum Brasileiro de Segurança Pública mostrou que, em 2022, foram registradas 27.722 perseguições. A série também mostra como Joe tenta deturpar a violência machista imposta dizendo ser "excesso de amor" e "cuidado", mais uma vez reforçando o estereótipo da mulher como figura frágil e a colocando como incapaz de cuidar de si mesma.

É importante destacar que uma relação abusiva é caracterizada por um desequilíbrio de poder entre as pessoas envolvidas, com um parceiro exercendo controle e poder sobre o outro. E essa dinâmica pode estar presente em relacionamentos entre homens e mulheres, mas também pode ocorrer entre pessoas do mesmo gênero. Mas o recorte de como o machismo está presente em dinâmicas abusivas da relação a dois é aquilo sobre o qual queremos alertar.

O mercado de trabalho masculino, branco e heteronormativo

Os impactos diretos da desigualdade de gênero podem ser observados em várias esferas da vida. Uma delas é o mercado de trabalho, no qual diferenças salariais e de oportunidades são gritantes. Segundo levantamento da IDados, feito com base em dados do IBGE para o portal de notícias G1 em 2022, uma mulher chega a ganhar 20% a menos do que um homem em função equivalente. É como se a cada ano a mulher trabalhasse 74 dias de graça.

Em algumas áreas, essa diferença pode ser ainda maior. De acordo com a Organização Mundial da Saúde (OMS), mulheres do setor da saúde e assistência ganham 24% menos do que os homens.

Os contrassensos não param por aí. Apesar dos dados veiculados anteriormente, as mulheres possuem maior grau de escolaridade do que os homens. E mesmo assim ganham menos. Dados do Censo Escolar 2021 divulgados pelo Instituto Nacional de Estudos e Pesquisas Educacionais Anísio Teixeira (Inep) mostram que as mulheres são maioria em quase todas as faixas etárias da educação básica no país. Além disso, entre os matriculados na modalidade de ensino profissional, a predominância também é feminina.

Na pesquisa "Estatísticas de gênero: indicadores sociais das mulheres no Brasil", divulgada pelo IBGE, no grupo de pessoas com mais de 25 anos, 19,4% das estudantes tinha ensino superior completo, em 2019, contra 15,1% dos homens; na faixa etária de 45 a 54 anos, 19,4% das mulheres tinha nível superior, contra 13,8% dos homens com o mesmo nível de escolaridade.

Mas esses percentuais não significam necessariamente melhores salários e cargos, especialmente entre os cargos de liderança. De acordo com o Instituto Brasileiro de Governança Corporativa (IBGC), a presença feminina em conselhos de empresas no Brasil é, em média, de 11%. Já quando falamos em cargos de liderança, apenas

38% são ocupados por mulheres, revela o relatório *Women in Business 2022*, da Grant Thornton. Apesar da pequena queda em relação a 2021, quando o resultado foi de 39%, há um avanço significativo neste índice se comparado a 2019, quando apenas 25% das posições de liderança estavam sob o comando feminino.

Uma das razões para que mulheres fiquem atrás dos homens nas oportunidades do mercado de trabalho tem a ver com as jornadas para além do âmbito profissional — uma realidade que muitas mulheres precisam encarar. As tarefas domésticas não são socialmente reconhecidas como trabalho, mas, ao analisarmos quanto tempo por dia demora para limpar a casa, lavar a louça, cuidar de um filho (ou mais), fica nítido que seriam muitas horas semanais.

Segundo dados do IBGE, as mulheres dedicam, em média, 21,4 horas por semana aos serviços domésticos, contra 11 horas de dedicação por parte dos homens. Isso dá quase o dobro de tempo. Os homens ocupam 73,7% do mercado formal, e as mulheres, 54,5%.

Quando o recorte compara mulheres com e sem filhos, há outro elemento a ser considerado: o quanto o mercado de trabalho não acolhe e exclui a mulher que deseja ser mãe ou já o é. As mães que estão empregadas correspondem a 54,6% e as mulheres que não têm filhos somam 67,2% na força de trabalho.

A consequência direta dessa realidade é que mais homens têm oportunidades de crescimento profissional, tornando a equidade salarial uma importante demanda para todas as mulheres. O mais ultrajante é que, desde 1952, está previsto na legislação brasileira, no artigo 461 da Consolidação das Leis do Trabalho (CLT), a equidade salarial em casos em que as pessoas desempenhem a mesma função. "Sendo idêntica a função, a todo trabalho de igual valor, prestado ao mesmo empregador, na mesma localidade, corresponderá igual salário, sem distinção de sexo, nacionalidade ou idade." Mas, como vimos, isso não é uma realidade.

E a desigualdade salarial não é uma exclusividade do Brasil. Segundo a Organização das Nações Unidas (ONU), a diferença salarial em decorrência de gênero no mundo é de 16%, o que significa que as trabalhadoras ganham em torno de 84% do valor que os homens ganham.

Na Islândia, o governo tornou ilegal a disparidade salarial por causa do gênero. A lei entrou em vigor em 1º de janeiro de 2018. Na Nova Zelândia, desde julho de 2020, uma lei bastante parecida garante que mulheres e homens devem receber o mesmo salário por trabalhos que, embora distintos, possuem o mesmo valor.

Um estudo do Banco Mundial, realizado em 2019, aponta que apenas seis países têm leis que regulam o mercado de trabalho e as práticas salariais que não põem obstáculos para as mulheres. Uma reportagem publicada pela ONU Mulheres aponta que a paridade econômica de gênero levará mais de 250 anos para ser alcançada.

No Brasil, atualmente, existe um Projeto de Lei que pretende combater a diferença salarial entre mulheres e homens. A PLC 130/2011 estabelece multa para as empresas que praticarem essa grave violação de direitos.

O Projeto de Lei foi e voltou nas duas casas do Congresso Nacional e ainda não foi aprovado.

Essas iniciativas de políticas públicas são importantes para combater a desigualdade salarial e o machismo no mercado de trabalho, mas as empresas também precisam estar engajadas em mudar tais práticas. Entre as iniciativas que podem ajudar nesse sentido estão a implementação de políticas de igualdade salarial e a promoção da igualdade de oportunidades no ambiente de trabalho, além da educação e conscientização da população sobre a importância da equidade de gênero.

O machismo no mercado de trabalho também se manifesta sob outras formas de discriminação, como a violência sexual e os assédios moral e sexual. Segundo dados do Tribunal Superior do Trabalho (TST), foram registrados mais de 22 mil casos de assédio moral e sexual no Brasil entre 2015 e 2018. Já em relação ao assédio moral, uma pesquisa de 2019, feita pela revista *Época* em parceria com o Instituto Ipsos, aponta que cerca de 52% dos entrevistados disseram ter sofrido assédio moral no trabalho. O mesmo estudo mostrou que 78% das pessoas acreditam que o ambiente de trabalho é tóxico.

Essas formas de violência podem impedir que as mulheres se sintam seguras no ambiente de trabalho, afetando sua produtividade e sua capacidade de progredir na carreira. Em 2018, o Instituto Datafolha fez um levantamento que indicou que cerca de 28% das mulheres já deixaram seus empregos por causa de assédio.

Na mesma esteira da equidade salarial, é muito importante que as empresas criem mecanismos eficazes para combater esse tipo de situação. Além de trabalhar com campanhas que visem a mudança de mentalidade, promovendo um ambiente de trabalho seguro e respeitoso, a criação de canais de denúncia confidenciais pode gerar bom resultado.

CAPÍTULO

A DITADURA
DA BELEZA

Pare por alguns instantes e responda para si: quanto tempo por dia você gasta nas redes sociais, em especial as que privilegiam fotos e vídeos, como o Instagram e o TikTok? Já se comparou com alguém a partir de uma fotografia, muitas vezes repleta de filtros e se sentiu mal? Ficou "de mal" com o espelho, como dizem por aí quando desejam se referir ao fenômeno psicológico chamado distorção de imagem?

Embora as redes sociais sejam uma ferramenta pensada para fins de interação social, elas também se tornaram uma armadilha de um sistema de padronização que sempre existiu em nossa sociedade, mas que agora está com uma lente de aumento. Esse padrão é historicamente branco: a beleza é encontrada nas peles claras, nos cabelos lisos. Um padrão que também privilegia corpos magros.

Construído a partir de uma lógica antagonista, o padrão de beleza vigente estabelece um ideal inalcançável, mas que, por meio da propaganda, dá-se a ideia de que sempre haverá um tratamento estético que ajudará as pessoas a alcançarem o tão sonhado corpo perfeito. Diz-se que o patamar da beleza ideal é inalcançável porque sempre há um obstáculo para atingi-lo: ou se é magra demais ou gorda demais, ou se tem o corpo curvilíneo demais ou reto demais, ou o nariz é arrebitado demais ou grande demais, e por aí vai.

Por outro lado, aqueles corpos que não atendem a tais exigências são considerados algo a ser rejeitado, refutado, desprezado e ridicularizado. E parte do combustível para alimentar esse sistema discriminatório é o machismo.

A própria ideia de que um corpo magro é mais belo do que um corpo gordo é uma construção social e definitivamente não se trata apenas de estética. Trata-se de desejo. E é esse o problema: no subtexto, a realidade é que, na nossa sociedade machista, o corpo magro ou sarado de uma mulher será mais desejado pelo homem.

Para conseguirem se encaixar no dito padrão de beleza, as pessoas se colocam em caixas nas quais não caberiam e se submetem a uma série de violências contra si mesmas. É como uma prisão, por isso não é exagero o termo "ditadura da beleza": ou você se encaixa nesses padrões construídos a partir do machismo e do racismo, entre outras formas de opressão, ou sofrerá desprezo social.

A atual cultura ao corpo "perfeito", que abomina características físicas naturais, como estrias, celulite e flacidez, criou até mesmo a ideia de que, se alguém não se enquadra nesse padrão, essa pessoa é uma fracassada.

Há dois efeitos facilmente observáveis da ditadura da beleza e ambos estão ligados à saúde e se relacionam entre si, mas um é do corpo e o outro é da mente. De acordo com a Associação Brasileira de Psiquiatria (ABP), cerca de 70 milhões de pessoas sofrem de algum tipo de distúrbio alimentar no mundo. Os mais comuns são compulsão alimentar, anorexia e bulimia. No caso dos dois últimos distúrbios, as pessoas que têm esses quadros costumam apresentar visão distorcida do próprio corpo. Nove em cada dez pessoas com anorexia são mulheres, sendo esse o transtorno alimentar de maior incidência em meninas de 12 a 17 anos, e a bulimia no início da fase adulta.

Uma reportagem da revista *Azmina* trouxe estudos que mostram que esse cenário de transtornos alimentares tem consequências no âmbito mental das pessoas acometidas, e também que o quadro se agravou na pandemia da Covid-19: 40,5% das mulheres ouvidas pelo Instituto de Psiquiatria da Faculdade de Medicina da Universidade de São Paulo (IPQ-HCFMUSP) relataram sintomas de depressão, 34,9% de ansiedade e 37,3% de estresse. A pesquisa aponta que uma das razões para o quadro que afeta a mente — e depois o corpo — ser predominantemente feminino é a cultura do corpo "perfeito", que, quanto mais se aproxima do ideal de beleza, mais está associado ao sucesso e à competência, o que acaba estimulando a adoção de comportamentos alimentares inadequados.

Um estudo sobre a relação do gênero com a construção social do padrão de beleza na cultura brasileira, feito pela antropóloga Mirian Goldenberg, fala que o corpo é uma forma de capital simbólico, físico e social. Ela também compara como homens e mulheres avaliam a si mesmos nesse processo.

As mulheres, em geral, têm como foco de descontentamento as partes do corpo que são maiores, e os homens, as que são menores — basta nos lembrarmos do falocentrismo e de como os homens cis depositam virilidade e poder no órgão sexual.

Ainda segundo a pesquisa de Mirian, pode-se perceber um fato curioso: quando questionadas sobre o que mais invejavam em outra mulher, as entrevistadas disseram: "a beleza", em primeiro lugar; "o corpo", em segundo; e, em terceiro, "a inteligência". Quando a mesma pergunta era direcionada aos homens, estes responderam "inteligência e poder econômico" em primeiro lugar, deixando "beleza e corpo" por último. Essa é uma evidência notável de como o padrão de beleza exerce uma pressão de muitas toneladas sobre as mulheres.

Um dos objetos de estudo de Mirian foi Leila Diniz, considerada revolucionária por posar grávida, usando biquíni, na areia de Ipanema, no Rio de Janeiro dos anos 1970.

Leila era, afinal, uma mulher livre. E foi por isso que se tornou uma importante representante da revolução feminina ocorrida nas décadas de 1960 e 1970, quando as brasileiras libertaram seus corpos dos papéis tradicionais de mãe e esposa e inventaram novas formas de ser mulher.

Infelizmente, as redes sociais parecem ter regredido esse conceito e as mulheres estão cada vez mais presas às vidas "instagramáveis". Em resumo, a cultura da mídia social e a pressão para que todos se conformem com os padrões de beleza vigentes podem levar a distúrbios alimentares, insatisfação corporal e distorção de autoimagem, afetando em especial as mulheres. Para combater essa tendência, é importante conscientizar as pessoas sobre esses problemas e promover uma imagem corporal positiva e saudável.

Etarismo: ele é maduro; ela, velha

O tema enquanto problematização de uma situação superantiga é algo que tem adquirido grande destaque no debate atual, em especial no Brasil. Já existem influenciadoras digitais falando sobre o assunto, bem como reportagens específicas em publicações especializadas em comportamento.

O etarismo é mais um efeito colateral da ditadura da beleza e tem, em suas raízes, fortes doses de machismo. Basta notar que o cara mais velho, de cabelos grisalhos e na faixa dos "enta", é visto como um sujeito maduro e experiente, e a mulher com as mesmas características é vista como velha, sem desejos ou sonhos de vida. Até mesmo a expressão da sexualidade nas mulheres mais velhas é vista com preconceito. Há quem acredite que, depois de certa idade, elas não fazem mais sexo. Como se não fossem mais desejadas, como se a elas o prazer não fosse mais acessível, apenas por estarem com rugas e cabelos brancos, duas marcas estereotipadas da dita velhice. O cabelo branco nele é charme; nela, abominável. Quão machista é isso?

Conceitualmente, etarismo é a discriminação baseada na idade. Isso pode ocorrer em relação a pessoas mais jovens ou mais velhas, mas, quando estamos falando sobre mulheres, são as mais velhas os alvos mais frequentes dessa discriminação.

Durante a pandemia de Covid-19, surgiu um movimento significativo de mulheres assumindo seus fios brancos. Tudo começou porque, com medidas como o lockdown e o distanciamento social, as pessoas não podiam sair de suas casas e, portanto, não conseguiam executar atividades cotidianas como ir ao salão de cabeleireiro. O que era para durar semanas acabou se estendendo e tornou possível que muitas mulheres fizessem as pazes com o espelho e passassem a admirar o seu processo de envelhecimento. Artistas como Samara Felippo, Fafá de Belém, Preta Gil e Glória Pires entraram na onda de assumir os fios naturais e divulgaram o sentimento de abandonar a tintura: liberdade e empoderamento.

Para além da imagem da mulher em si, as relações amorosas heterossexuais também são alvo desse etarismo machista. O termo "novinha", muito frequente em letras de funk e presente também no vocabulário popular, evidencia isso. O homem mais velho que engata namoro com uma "novinha" é considerado socialmente um "pegador", muitas vezes admirado pelos amigos. A mulher mais velha com um "novinho" é criticada pela mesma sociedade, quando não vira motivo de piada.

Para perpetuar o culto à juventude, é incontável a quantidade de procedimentos estéticos que prometem retardar o envelhecimento. Um dos exemplos disso são as modas momentâneas, como a proliferação da harmonização facial, os serviços de assinatura de botox, preenchimentos, tratamentos com agulhas, laser, cremes, séruns e muitos outros métodos. Vale tudo em nome da beleza.

Existem até mesmo relatos de mulheres que foram submetidas a procedimentos estéticos sem o seu consentimento. Em entrevista ao programa *Saia Justa*, do canal GNT, em março de 2023, a apresentadora Xuxa Meneghel relatou uma experiência desse tipo, que ela sofreu no final dos anos 1990.

Xuxa ia realizar um implante de silicone e saiu da mesa de cirurgia com uma prótese bem maior do que havia solicitado e todo o corpo dolorido por intervenções feitas sem sua autorização na barriga, nos quadris e no rosto, mesmo tendo pedido previamente que nenhuma outra parte de seu corpo fosse mexida. "Ela [a médica] disse que aqueles peitos eram melhores para o meu tamanho, achou que eu não tinha muito aqui e resolveu fazer uma lipoescultura, me encheu de fibrose e até hoje eu tenho isso no meu corpo. Vendo duas coisas roxas aqui [em torno dos olhos] que eu falei: 'o que é isso?', e ela: 'uma surpresa, coloquei botox'. Fiquei paralisada por 6 meses", contou a apresentadora.

O etarismo também desgasta o emocional das mulheres que decidem não gerar filhos e estão bem resolvidas com isso. A pressão para que as mulheres deem continuidade à linhagem — já que, segundo a constituição patriarcal, esse é o propósito principal das mulheres — existe e é muito forte. Apesar de hoje em dia ser cada vez mais comum que as mulheres que optam pela maternidade o façam mais tardiamente, a cobrança da sociedade usando o argumento do relógio biológico é extremamente agressiva.

Até nisso o homem é privilegiado: pode decidir, sem se preocupar com a idade, se quer ou não ser pai. Para a mulher, só sobram críticas e pressões: se ela decide que deseja ter filhos, o tempo é um inimigo cruel, o mercado de trabalho não coopera e com frequência ela é obrigada a educar os filhos sozinha ou com participação mínima do pai; se ela opta por não ser mãe, é fatalmente criticada, com frequência pela família, e cobrada sobre as razões pelas quais decidiu não deixar herdeiros, como se fazê-lo fosse uma obrigação, um destino imutável.

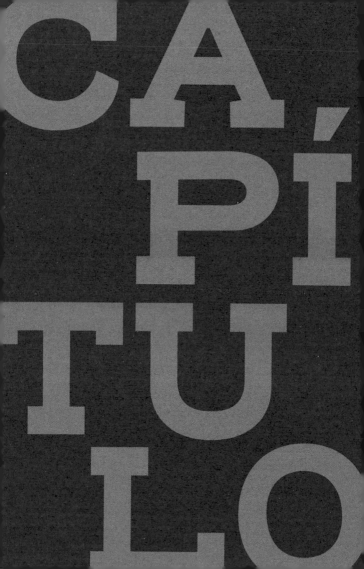

4

PARECE.
E É.

Antes de começarmos este capítulo, vamos fazer um combinado: não existe homem feminista. Dentro do patriarcado, um homem pode ser aliado na luta contra a opressão, até porque tem participação e responsabilidade nesse sistema, mas as agentes da luta feminista são as mulheres.

E nesse sentido é importante que, de saída, todo homem olhe para si e reconheça o machismo existente nele mesmo. Apesar de estar em processo de desconstrução, isso não significa que está isento de se beneficiar dessa cultura patriarcal e de reproduzir comportamentos machistas.

Segundo a filósofa Djamila Ribeiro, o lugar que ocupamos socialmente nos propicia experiências distintas e outras perspectivas sobre uma situação. A isso damos o nome de lugar de fala — uma expressão polêmica, porque há quem torça o nariz dizendo se tratar de uma tentativa de calar as pessoas. Mas, na verdade, é o contrário. O lugar de fala dá à pessoa mais afetada em determinada situação o protagonismo necessário para contar uma vivência sob o seu ponto de vista, como sente essa experiência na pele. Por exemplo: um homem jamais vai sentir o mesmo medo que uma mulher ao andar sozinho em uma rua escura, à mercê de ser vítima de um estupro. Um homem jamais saberá como é abrir o guarda-roupas e se censurar, evitando usar uma saia por saber da possibilidade de ser assediada no transporte público ou na rua.

"Foi só uma brincadeira. Você leva tudo muito a sério"

Você certamente já ouviu falar na fábula da Chapeuzinho Vermelho. Há uma cena em que o Lobo Mau está disfarçado de vovó da Chapeuzinho e eles estabelecem um diálogo em que a garotinha, ao estranhar a fisionomia da avó, vai perguntando sobre as características: o olho e a boca grandes, as orelhas bem diferentes... e o lobo, por sua vez, cria desculpas para convencê-la de que ela estava enganada na avaliação.

A fábula cai como uma luva para as situações machistas do cotidiano que, muitas vezes, sofrem uma tentativa de disfarce, tal como fez o Lobo Mau para Chapeuzinho. Esse disfarce pode aparecer em forma de "brincadeira", de "piada", sempre usando a justificativa de que não foi intencional. Mas, sem meias palavras: uma atitude machista precisa ser assim denominada e reconhecida. É somente com esse pressuposto que será possível promover uma mudança na mentalidade hegemônica. A masculinidade tóxica, como é denominado esse tipo de comportamento, é mais um efeito do machismo. Como construção social, ela pode (e deve) ser desconstruída por completo.

Há um conceito relativamente novo e que tem dominado o debate nas redes sociais: o masculinismo, que se autoproclama como um movimento social em reação à luta feminista por equidade de gênero, como se os homens estivessem, na verdade, sendo oprimidos pelas mulheres que, nos últimos anos, conquistaram direitos demais. Em sua forma mais radical, o masculinismo promove deturpações sobre a realidade e seus adeptos defendem uma postura notavelmente antifeminista. O problema é que nem sempre isso fica evidente em seus discursos.

O maior exemplo é o fenômeno dos influenciadores de redes sociais que supostamente ensinam técnicas de conquista para homens e listam quais os perfis de mulheres que são os mais adequados (e os que não são) para que possam se envolver. Eles denominam seus preceitos de "red pill" ("pílula vermelha", em tradução literal), termo inspirado no filme *Matrix* (1999), em que o personagem Neo, interpretado por Keanu Reeves, precisa escolher entre tomar uma pílula vermelha (que o faria enxergar a verdadeira natureza da realidade) ou uma pílula azul (que o manteria na ignorância). Foi então que alguns desses influenciadores, que se autointitulam despertos para a realidade da "natureza feminina", passaram a afirmar que as mulheres são naturalmente manipuladoras e egoístas, vendendo cursos para "proteger os homens" e propagar suas ideias de que a busca por equidade de gênero é prejudicial à vida masculina.

No Brasil, o fortalecimento desses grupos se deve à popularização da internet e das redes sociais. Além dos adeptos da "red pill", há outro grupo que expressa raízes do machismo estrutural. São os incels (abreviação de "involuntariamente celibatários"), homens que não encontram uma parceira amorosa e sexual, o que lhes causa frustração e ressentimento. Em fóruns on-line, seja em redes sociais conhecidas, como o Facebook, seja em ambientes da deep web, os incels defendem as maiores atrocidades contra mulheres, que, em seu conceito, seriam as grandes culpadas pela infelicidade deles e do restante do mundo. Nesses locais onde há troca de mensagens e conteúdos, há farto material promovendo a violência contra a mulher, estupros e até mesmo pedofilia.

Em nome da virilidade e da "macheza", os participantes desses grupos extremistas defendem armamento da população e casos drásticos de violência, como foi o ataque à escola na cidade de Suzano, interior de São Paulo, que deixou dez mortos em 2019. Entre 2017 e 2018, uma parceria da Polícia Federal com o Ministério Público desbaratou um desses grupos, batizado de Dogolachan. Os mentores foram identificados e presos na operação, sendo que um deles foi condenado a mais de 40 anos de prisão por crimes de ódio.

O machismo nosso de cada dia

Como vimos até aqui, muitas situações em nosso cotidiano acontecem por influência do machismo ou são consequência direta dele. É comum, inclusive, que essa violência venha em formato de brincadeira, por exemplo: fazer piadas de que mulher dirige pior do que homem. Até porque esse comentário sequer condiz com a realidade. O preço dos seguros dos carros para mulheres pode chegar a ser até 23% menor do que para os homens, já que mulheres são consideradas motoristas de menor risco por serem, com frequência, mais cuidadosas e atentas ao volante em comparação com os homens.

Mas as violências machistas não ocorrem somente em tom de brincadeira ou em forma de soco. Às vezes, elas podem ser mais sutis: é também uma agressão quando um homem, sob o argumento da proteção e do cuidado, impede que uma mulher — namorada, esposa, filha, irmã, amiga, crush — saia de casa com uma roupa justa ou curta, quando torce o nariz para as relações de amizade que ela tem com outros homens, ou quando a impede de trabalhar fora, argumentando que ele é o provedor e que nada faltará a ela.

Em certos momentos, até mesmo uma frase aparentemente inocente, como a afirmação de que "o marido ajuda a esposa em casa", tem um componente machista, porque pressupõe que a tarefa doméstica é responsabilidade apenas da mulher, quando, na verdade, ambos moram na casa e, portanto, são igualmente responsáveis pela manutenção do lar. O ideal, nesse caso, seria *dividir* as tarefas.

Variações da frase mencionada anteriormente, como "lugar de mulher é na cozinha", evidenciam o machismo e reiteram a ideia de que a mulher deve ser a única responsável por tarefas domésticas, pelo cuidado com os filhos, subjugando-a a uma posição de subserviência com relação ao companheiro. Outras expressões dignas de nota são "mulherzinha" (dita com tom pejorativo) ou "homem de verdade", que também são traços tóxicos.

"Você não entendeu, deixe que eu explico isso para você"

No contexto corporativo, durante uma reunião, no ambiente acadêmico ou em outros momentos da vida, quando um homem interrompe uma mulher a todo o momento, não deixa que ela complete raciocínios, dá um peso diferente a uma fala dela na comparação com a de um colega homem, o que ele está fazendo é *manterrupting*. Quando um homem completa as frases da mulher, ou ainda, fica querendo explicar tudo (até o que ela sabe mais do que ele), fazendo com que ela se sinta diminuída, insegura ou não versada naquele assunto, o que ele está fazendo é *mansplaining*. Ambas as situações são machistas.

Ainda sobre o ambiente profissional, diminuir a promoção de uma mulher alegando que ela usou sexo como moeda de troca é uma ação machista. Assim como duvidar da capacidade de execução de determinada tarefa ou, ainda, como é muito comum na área da ciência, tecnologia e engenharia, desconfiar da qualidade de produção de conhecimento de uma mulher também é uma forma de machismo.

Quando você escuta alguma história de assédio e normaliza isso, você está sendo machista. Mulheres também reproduzem o machismo, por exemplo, quando tentam desqualificar ou justificar uma situação de assédio sofrida por outra mulher. "Ela é muito dada", "Ela não se dá o respeito" são frases bem típicas desse comportamento por parte das próprias mulheres, normalmente como um mecanismo de comparação instigado pelo machismo.

Quando alguém conta uma piada desqualificando a figura da mulher ou a colocando em posição submissa ou ridicularizada diante do homem e você ri e nada fala, você está sendo machista. Quando um amigo conta que transou com uma menina que, no início, ofereceu resistência e estava visivelmente alcoolizada, e você não o repreende, você está sendo machista e conivente com um crime. Forçar algum tipo de contato físico com uma garota na balada, seja um apertão no braço, uma passada de mão no cabelo ou a insistência após um convite para tomar um drinque que foi recusado são ações violentas e machistas.

É bastante comum pensarmos em situações drásticas para conseguirmos definir: "isso é uma atitude machista" ou "isso é resultado do machismo". Mas é também nas pequenas coisas, em um comentário, em uma "brincadeira que não pretendia afetar ninguém" que essa opressão se manifesta.

Vamos tratar a masculinidade tóxica?

Se considerarmos que o machismo é forjado na estrutura do patriarcado e, portanto, está no dia a dia das pessoas de forma naturalizada, será possível reprogramar essa mentalidade? Para muita gente, sim. Se existem homens que são diferentes dos outros, que não seguem as regras dessa masculinidade violenta, é lógico concluir que as características tidas como "de homem" são aprendidas por meio da repetição de gestos, atitudes e falas direcionadas desde que nascemos e, portanto, atravessadas e contaminadas pelo machismo.

A masculinidade tóxica é um padrão de comportamento masculino que se manifesta em atitudes e comportamentos que valorizam a agressividade, a dominação e a competição, enquanto desvalorizam a empatia, a vulnerabilidade e a sensibilidade emocional. Ela afeta não apenas o homem, mas também todas as pessoas que, em maior ou menor grau, convivem com ele. Situações de pressão sobre performance sexual, tamanho de pênis ou ainda a desqualificação de um homem pelo fato de ele se mostrar vulnerável ou sensível demais são todas consideradas um reflexo da masculinidade tóxica.

Não por acaso, falar sobre masculinidade e desconstruir os estereótipos de comportamento viraram ponto central em núcleos de Ministérios Públicos (MP) pelo Brasil que tratam dos direitos da mulher. Há alguns anos, punições de agressores de mulheres passam não apenas por penas tradicionais de reclusão como também por cursos que buscam expor a toxicidade do machismo, como ele opera e como desconstruí-lo. No MP de São Paulo, por exemplo, o programa "Tempo de Despertar" tem o objetivo de diminuir a reincidência de violência doméstica, que, em 2017, quando do surgimento dessa iniciativa no órgão paulista pelas mãos da promotora Gabriela Manssur, era de 65%.

Mas a evidente necessidade de desconstruir a masculinidade tóxica vem de décadas atrás. Em 1989, um homem entrou em uma escola profissionalizante, pediu que os homens saíssem e assassinou catorze mulheres à queima-roupa. O caso aconteceu em Montreal, no Canadá, e da tragédia surgiu o movimento "Laço Branco", um embrião do que viria a ser esse movimento de modificar a mentalidade dos homens, ou seja, de responsabilizá-los pela violência não apenas punindo, mas dando a oportunidade de repensar a atitude.

Nas redes sociais, não é raro encontrar perfis que se dedicam a essa ressignificação da masculinidade ao trazer conteúdos que expõem comportamentos machistas de maneira didática, trazendo exemplos que revelam a opressão contra mulheres, além de postagens propositivas que abordam reflexões sobre como o machismo também vitima o homem.

Dá para escapar?

Já parou para pensar em quais são as referências mais comuns de masculinidade com as quais você tomou contato na infância e que, de certa forma, o influenciaram? Algumas histórias de conto de fadas, por exemplo, mostram a figura do príncipe de beleza padrão, como sinônimo de perfeição, que em muitos enredos é tido como figura protetora e invencível, que não demonstra fragilidade, que vem salvar a "mocinha" da história.

A mocinha, aliás, geralmente é categorizada de forma antagônica a ele: frágil, delicada, sem atitude. Se essas histórias parecem ingênuas e nos fazem suspirar, já que todo mundo curte um final feliz, quando olhamos com atenção para alguns aspectos que elas nos trazem, vemos elementos que constituem a imagem estereotipada do homem que não falha.

A expressão "masculinidade tóxica" poderia ser substituída por "masculinidade frágil". É como se o fato de performar feminilidade pudesse ferir o "lado masculino" de alguém. Isso porque a pessoa que se identifica com o gênero masculino é ensinada desde a infância, passando pelos primeiros anos escolares, sendo cobrada para atender às expectativas dessa construção social do que deveria ser um "homem de verdade".

Quando adulto, o indivíduo pode encontrar dificuldades básicas nas relações interpessoais, como demonstrar afeto, sentimentos e vulnerabilidade. Passam, então, a tomar atitudes deliberadamente machistas na tentativa de esconder as suas fragilidades.

Para que haja uma transformação real de mentalidade, é preciso desconstruir a masculinidade tóxica. Algumas dicas que podem ajudar:

- Reconheça a existência da masculinidade tóxica e como ela se faz presente em atitudes e comportamentos;
- Ensine valores como equidade de gênero, respeito, empatia e compaixão desde cedo;
- Desconstrua os estereótipos de gênero que colocam as mulheres como fracas e emocionais, assim como classifica

os homens como fortes e insensíveis. Isso significa questionar as mensagens que recebemos da mídia, da cultura de massa e da sociedade em geral;

- Combata a violência contra a mulher, já que essa é uma das manifestações mais graves do machismo. É importante denunciar e combater todas as formas de violência, desde a violência física até a psicológica e o assédio sexual;
- Apoie movimentos e organizações que lutam contra o machismo, participando de ações e campanhas que promovam a equidade de gênero;
- Seja ou incentive um modelo de masculinidade saudável, que valorize a empatia, a vulnerabilidade e a sensibilidade emocional. Isso significa ser

um parceiro e um amigo que escuta e se importa com as necessidades dos outros, e que não tem medo de demonstrar as próprias emoções e fragilidades.

CAPÍTULO

5

O QUE DÓI EM VOCÊ, DÓI EM MIM

A palavra sororidade pode até ser antiga, mas tem obtido cada vez mais relevância com a popularização do feminismo negro. Ora, se as mulheres negras foram historicamente invisibilizadas pelas primeiras ondas feministas, majoritariamente compostas de mulheres brancas, há que se questionar os limites e os propósitos da sororidade desse feminismo, que luta por equidade salarial mas explora uma empregada doméstica negra, sem pagar por direitos trabalhistas nem lhe oferecer um salário digno — o mesmo salário digno que as mulheres brancas reivindicam.

Também a esse propósito a expansão do feminismo negro tem sido eficaz. A fim de dissolver tais barreiras entre as feministas e de fato considerar a sororidade entre as mulheres, independentemente de raça, o pensamento feminista mais expressivo, mais producente e com maior alcance atualmente — a saber, o feminismo negro — tem ressignificado a sororidade de modo que abranja, de fato, todas as mulheres.

Um fato bastante relevante para a popularização desse conceito foi uma ocasião, em 2020, em que as buscas pelo termo viralizaram nas redes sociais. Isso ocorreu depois que Manu Gavassi, participante da edição daquele ano do *Big Brother Brasil*, reality-show da TV Globo, usou o termo ao justificar o voto contra um participante para ele ir ao paredão. Nessa ocasião, a busca pela palavra no Google aumentou 250% e, segundo uma reportagem do portal Metrópoles, a plataforma informou que antes de o programa ser exibido, a busca pelo termo era perto de 0, em uma escala de 0 a 10. Em duas horas de programa, a expressão atingiu o nível 100.

Sororidade, do latim *soror*, significa irmãs, e diz respeito à relação de empatia e irmandade entre mulheres. É a ideia de que mulheres podem ter experiências semelhantes de opressão e devem se apoiar nas lutas para conquistar liberdade e igualdade em direitos, se ouvir e respeitar umas às outras, dentro de suas semelhanças e diferenças, sem julgamentos.

De forma equivocada, há pessoas que querem descaracterizar o verdadeiro significado de sororidade e dizem que a expressão é uma forma de "passar pano" para a mulher, ainda que ela cometa falhas, por exemplo, e que tornaria uma mulher obrigada a gostar de outra.

Definitivamente, o termo sororidade não tem a ver com isso. Trata-se do exercício de se colocar no lugar da outra mulher, compreendendo seu contexto e suas reivindicações, e, sobretudo, entendendo aquela mulher como aliada, e não como rival. Sim, tem um ponto importante aqui: o machismo também estimula a competição entre mulheres.

A história que tradicionalmente aparece em novelas — mas que certamente encontra eco na vida real — é a do amor de um homem, quase sempre descrito como o típico macho alfa, desejado, viril, disputado por duas mulheres que se detestam, que brigam, que se comparam, que se estapeiam por ciúme do objeto de desejo.

Há ainda outro estereótipo de mulher, comum em muitas histórias ficcionais, o da fofoqueira, falsa, invejosa e carreirista, como se essas fossem características de gênero, quando, na verdade, são traços do caráter de qualquer ser humano.

A sororidade pretende desconstruir essas estruturas. As mulheres não são rivais. A ideia de rivalidade, inclusive, é bastante estimulada pelo machismo, que promove a ideia de que as mulheres devem competir entre si pela atenção e pela aprovação dos homens.

As mulheres têm uma luta em comum: a da igualdade de direitos, a da liberdade de pensamento e existência. As mulheres precisam acolher umas às outras para que essa luta seja vitoriosa. Como diz a feminista negra norte-americana Audre Lorde, "eu não sou livre enquanto alguma mulher não o for, mesmo quando as correntes dela forem muito diferentes das minhas".

Neste ponto, é necessário, mais uma vez, lembrar da racialização dessa discussão. Há dores comuns a toda mulher. E há algumas específicas entre algumas mulheres. A escritora Vilma Piedade cunhou o termo "dororidade" para definir essa dor que atravessa as mulheres negras. "Dororidade" foi apropriado também para falar das dores de outras mulheres não brancas e, por extensão de sentido, das mulheres transgênero. São dores atravessadas por opressão e silenciamentos não experimentados por quem carrega o privilégio de, em uma sociedade racista, ter a pele clara.

"A sororidade parece não dar conta da nossa pretitude. Foi a partir dessa percepção que pensei em outra direção, num novo conceito que, apesar de muito novo, já carrega um fardo antigo, velho, conhecido das mulheres: a Dor — mas, nesse caso, especificamente, a Dor que só pode ser sentida a depender da cor da pele. Quanto mais preta, mais racismo, mais dor", escreve Vilma em seu livro.

E mais uma vez é preciso lembrar por que Djamila Ribeiro faz questão de separar o feminismo preto do branco, pois há dores que só quem é, quem está naquela pele, vai sentir, entender e elaborar. Para ela, o feminismo negro não segrega. Pelo contrário, ele amplia a luta. Djamila escreve em *Quem tem medo do feminismo negro?*: "Quando discutimos identidades, estamos dizendo que o poder deslegitima umas em detrimento de outras.

O debate, portanto, não é meramente identitário, mas envolve pensar em como algumas identidades são aviltadas e ressignificar o conceito de humanidade, posto que pessoas negras em geral e mulheres negras especificamente não são tratadas como humanas. Uma vez que o conceito de humanidade contempla somente homens brancos, nossa luta é para pensar as bases de um novo marco civilizatório". E essa grande luta, para a escritora, tem relação direta com o fortalecimento da democracia.

Representatividade importa. E muito!

O assassinato da vereadora Marielle Franco, no Rio de Janeiro, em 14 de março de 2018, foi um dos episódios mais bárbaros da política brasileira e também um marco para que a discussão sobre a importância da representatividade no processo político ganhasse terreno.

O importante debate sobre a participação das chamadas minorias políticas — mulheres, negros etc, que, na verdade, são numericamente a maioria, mas que têm seus direitos constantemente desrespeitados — já existia. Mas o choque provocado pelo episódio do homícidio de Marielle colocou o tema no debate público em caráter de urgência.

Como Marielle trazia no corpo e no discurso várias das características sociais sub-representadas na política brasileira — mulher, favelada, negra, lésbica —, a sequência natural da reflexão coletiva foi olhar para as posições políticas em todas as esferas e se questionar se o Brasil estava, de fato, ali representado.

A participação de mais mulheres — assim como de negros e indígenas — na política tem exatamente a ver com representatividade. E, de certa forma, o argumento passa também por sororidade. Afinal, quem melhor do que uma mulher negra para entender quais os principais desafios da existência das mulheres negras no Brasil? Quais são as demandas mais urgentes? O mesmo comparativo vale para as mulheres transgênero, as mulheres que são mães e por aí vai. Em 2022, completou-se 90 anos da conquista do voto feminino no Brasil, mas ainda há muitas batalhas a serem travadas.

Aqui vale um pequeno adendo sobre a história da luta do sufrágio universal e o direito ao voto feminino. Em muitos países da Europa e das Américas, essa reivindicação começou no final do século XIX e no início do século XX. A Nova Zelândia foi o primeiro país a conceder o direito de voto às mulheres, em 1893. Em seguida, outros países a seguiram, como Austrália (1902), Finlândia (1906) e Noruega (1913).

No Reino Unido, o movimento sufragista liderado por mulheres como Emmeline Pankhurst lutou por décadas pelo direito ao voto feminino. As mulheres britânicas finalmente conseguiram o direito ao voto em 1918, embora apenas para mulheres com mais de 30 anos que possuíssem propriedades. Nos Estados Unidos, a luta pelo sufrágio feminino culminou na aprovação da 19ª Emenda à Constituição, em 1920, que estendeu o direito ao voto para mulheres em todo o país.

No Brasil, o movimento pelo sufrágio feminino começou na década de 1910, liderado por mulheres como Bertha Lutz. A Constituição brasileira de 1891 já previa o direito ao voto para homens maiores de 21 anos, mas excluía as mulheres. A luta pelo direito ao voto para mulheres no Brasil ganhou força na década de 1920, mas foi só em 24 de fevereiro de 1932 que as mulheres brasileiras finalmente conseguiram o direito ao voto, com a aprovação do Código Eleitoral.

Embora a luta tenha sido gloriosa, a verdade é que votar e ter espaço nas cadeiras que comandam o país são coisas ainda muito distantes. Até hoje, apenas uma mulher subiu a rampa do Palácio do Planalto: Dilma Rousseff. E, vale lembrar, ela venceu como a "candidata do Lula" e foi destituída de seu cargo antes do término de seu segundo mandato. Será que ela teria sofrido um impeachment se fosse um homem?

A nossa política ainda é masculina, branca e heterossexual. E, aparentemente, ainda há um longo caminho a ser percorrido para que esse cenário mude substancialmente. Segundo o IBGE, em 2020, 8,7% dos cargos ministeriais, 14,8% das cadeiras no Congresso Nacional e 16% de vagas nas câmaras de vereadores pelo Brasil eram ocupados por mulheres.

Com essas estatísticas, não é surpreendente a posição do Brasil — 108º entre 155 países — no índice de Empoderamento Político do Relatório Global de Desigualdade de Gênero. Em 2019, 77 cadeiras da Câmara dos Deputados eram ocupadas por mulheres. Poucos anos antes, em 2010, eram 45, e 20 anos antes, eram 28. Os avanços aconteceram, mas não dá para relaxar. Mesmo com a curva ascendente, o Brasil caiu 22 posições desde 2006 nessa classificação do Fórum Econômico Mundial, que avalia a representação de mulheres nos mais altos níveis de cargos políticos e públicos.

Se pensarmos na política como forma de representar a nossa sociedade, esse desequilíbrio se evidencia ainda mais, já que há 4,8 milhões de mulheres a mais do que homens no país. A população feminina corresponde a 51,1% da população geral. Se democracia é representar o povo, os dados mostram que isso está longe de ser realidade, então devemos seguir com firmeza no combate ao machismo.

A representatividade refere-se à ideia de que uma pessoa ou então um grupo é eleito ou escolhido para representar outros indivíduos ou grupos em determinado contexto ou esfera de influência.

Na política, a representatividade se refere à capacidade dos representantes eleitos de refletir e representar adequadamente os interesses, perspectivas e necessidades dos cidadãos que os elegeram.

Em termos de números, a representatividade na política pode ser medida mediante dados demográficos que mostram a composição dos representantes eleitos em relação à população em geral. Isso inclui dados sobre raça, gênero, idade, orientação sexual, religião e outros fatores que podem influenciar a representatividade.

É importante notar que historicamente as mulheres têm sido sub-representadas na política em todo o mundo. No entanto, nas últimas décadas, tem havido um aumento significativo no número de mulheres em cargos públicos.

Segundo a União Interparlamentar, em 2021, as mulheres representavam cerca de 25% dos parlamentares em todo o mundo. Nas eleições de 2020 nos Estados Unidos, um número recorde de mulheres foi eleito para o Congresso, elevando o número total para um nível histórico. Na Islândia e na Suécia, existe uma lei de cotas que exige que pelo menos 40% dos membros do parlamento sejam mulheres.

Na Nova Zelândia, o governo busca a equidade de gênero em todas as áreas e tem feito esforços para aumentar a representatividade de mulheres na política. O país, inclusive, foi liderado por uma primeira-ministra até janeiro de 2023. Ruanda, por sua vez, tem a maior proporção de mulheres parlamentares no mundo, com mais de 60% dos membros do parlamento sendo mulheres. Já no México, nas eleições históricas de 2021, as mulheres conquistaram mais de um terço das cadeiras no Congresso.

Em geral, o crescimento da porcentagem de mulheres em cargos eletivos na política é um sinal positivo de mudanças em andamento na sociedade em relação à equidade de gênero e da representatividade. No entanto, é importante continuar a promover e apoiar a participação das mulheres a fim de garantir que suas vozes sejam ouvidas e seus interesses sejam adequadamente representados.

Além das cotas, que são muito importantes, há outras iniciativas que, se implementadas, podem gerar bons resultados.

No Brasil, o financiamento eleitoral de campanhas é regulado pela Lei Eleitoral e pela Lei dos Partidos Políticos. Desde 2015, as empresas estão proibidas de fazer doações para candidatos e partidos políticos, e o financiamento das campanhas passou a ser feito exclusivamente por meio do Fundo Especial de Financiamento de Campanha (FEFC) e do Fundo Partidário.

Para incentivar a participação de mulheres no cenário político, a legislação eleitoral estabelece que pelo menos 30% dos recursos do FEFC sejam destinados a candidaturas femininas. Além disso, as legendas que não cumprirem a cota de gênero podem ter seus recursos do fundo partidário suspensos.

Embora a cota de gênero tenha sido uma importante medida para se conseguir aumentar a participação das mulheres na política brasileira, ainda há muitos desafios a serem enfrentados.

É necessário, inclusive, investir na formação política de meninas e mulheres e, da mesma forma, na conscientização de que a participação das mulheres na esfera pública é importante e pode beneficiar o grupo como um todo.

Outras medidas possíveis são estimular o desenvolvimento de habilidades de liderança e a participação cidadã entre as mulheres. Também é essencial fortalecer as redes de apoio e mentorias para mulheres que desejam ingressar na carreira política, garantindo que elas possam ter acesso a recursos e informações necessárias para ajudá-las a superar os obstáculos que enfrentam.

Ações afirmativas como a reserva de vagas em órgãos públicos para mulheres ou a criação de programas de incentivo para mulheres empreendedoras também podem ser ferramentas para aumentar a vez e a voz das mulheres na esfera das decisões que impactam a vida de muita gente.

Um olhar para o que virá

Propondo um exercício de futuro: será que algum dia o machismo vai acabar? Seria, mais do que desejável, maravilhoso dizer que sim. A luta é árdua, mas não podemos desistir de um mundo mais equânime.

Depois de nós, outras gerações assumirão essa luta, mas, para isso, é preciso trabalhar para a conscientização delas. Não raro a frase "essa geração vem forte" aparece em redes sociais como legenda de algum conteúdo disruptivo que questiona padrões sociais. E, sim, é fato que alguns tabus com relação ao machismo foram quebrados e ficaram para trás. Mas existe um longo caminho a ser percorrido e se, objetivamente, não forem cumpridos alguns passos, podemos até mesmo retroceder nas conquistas.

As discussões sobre equidade e diversidade de gênero devem continuar presentes nos mais diversos espaços sociais, rumo ao fortalecimento contínuo e criando cada vez mais ambientes de formação, como as escolas. À medida que mais pessoas se tornem conscientes dos problemas enfrentados pelas minorias políticas, como as mulheres e aqueles que não se encaixam nos papéis de gênero normalizados, haverá maior aceitação da diversidade e diminuição da discriminação.

Quanto mais a masculinidade tóxica for desconstruída ainda na formação das crianças e adolescentes, mais possível será vermos no futuro adultos aliados da luta feminista, questionadores e combatentes em relação às mais diversas violações impulsionadas pelo machismo.

O debate entre masculinistas e feministas é algo que, provavelmente, também continuará acontecendo e, com o motor das redes sociais, pode ficar ainda mais intenso.

Se por um lado as redes sociais tendem a reforçar estereótipos machistas, elas também criaram um espaço mais acessível e democrático para debater todas essas questões e até apontar comportamentos que devem ser combatidos, sendo usadas como ferramenta importante nessa luta. Influenciadores e influenciadoras precisam investir, sempre e cada vez mais, em conteúdos propositivos, mas sem medo de colocar o dedo na ferida quando necessário.

Bibliografia

AGÊNCIA Patrícia Galvão. **Notícias e conteúdos sobre os direitos das mulheres brasileiras**. São Paulo. Disponível em: https://www.agenciapatriciagalvao.org.br. Acesso em: 10 de out. 2023.

BEAUVOIR, Simone de. *O segundo sexo*. Rio de Janeiro: Nova Fronteira, 2012.

BLAY, Eva A. Por uma nova masculinidade. Por que os homens continuam a matar as mulheres?. **Jornal da USP**, 2021. Disponível em: https://jornal.usp.br/artigos/por-uma-nova-masculinidade-por-que-os-homens-continuam-a-matar-as-mulheres/. Acesso em: 09 de out. 2023.

BRASIL. Instituto Nacional de Estudos e Pesquisas Educacionais Anísio Teixeira. **Censo da Educação Superior**. Brasília: Instituto Nacional de Estudos e Pesquisas Educacionais, 2021. Disponível em: https://www.gov.br/inep/pt-br. Acesso em: 10 de out. 2023.

BRASIL. Lei nº 13.114, de 9 de março de 2015. Altera o art. 121 do Decreto-Lei nº 2.848, de 7 de dezembro de 1940 - Código Penal, para prever o feminicídio como circunstância qualificadora do crime de homicídio, e o art. 1º da Lei nº 8.072, de 25 de julho de 1990, para incluir o feminicídio no rol dos crimes hediondos. **Brasília: Diário Oficial da União**, 2015. Disponível em: https://www.planalto.gov.br/ccivil_03/_ato2015-2018/2015/lei/l13104.htm. Acesso em: 10 de out. 2023.

Ciclo da violência: saiba identificar as três principais fases do ciclo e entenda como ele funciona. **IMP — Instituto Maria da Penha**. Disponível em: https://www.institutomariadapenha.org.br/violencia-domestica/ciclo-da-violencia.html. Acesso em: 09 de out. 2023.

Como estamos combatendo a desigualdade salarial? **Fundo Brasil de Direitos Humanos**. Disponível em: https://www.fundobrasil.org.br/blog/como-estamos-combatendo-a-desigualdade-salarial/. Acesso em: 09 de out. 2023.

CRENSHAW, Kimberlé. *On Intersectionality:* Essential

Writings. New York: The New Press, 2014.

CULTNE. Cultne DOC - Lélia Gonzalez - Pt. 1. YouTube, 2010. Disponível em: https://www.youtube.com/watch?v=o9vOVjNDZA8. Acesso em: 09 de out. 2023.

DIEESE, Departamento Intersindical de Estatística e Estudos Socioeconômicos. **A Lei da Igualdade salarial entre homens e mulheres**. Lei nº1.085, de 2023. Disponível em: https://www.dieese.org.br/outraspublicacoes/2023/sinteseEspecial13.html. Acesso em: 10 de out. 2023.

Estadão Conteúdo. BBB20: Buscas por sororidade sobem 250% após fala de Manu. **Metrópoles**, 2020. Disponível em: https://www.metropoles.com/vida-e-estilo/feminismo/bbb20-buscas-por-sororidade-sobem-250-apos-fala-de-manu. Acesso em: 09 de out. 2023.

FOLTER, Regiane. Igualdade salarial entre homens e mulheres: o que diz a legislação brasileira?. **Politize!**, 2023. Disponível em: https://www.politize.com.br/igualdade-salarial-entre-homens-e-mulheres/. Acesso em: 09 de out. 2023.

BRASIL. Anuário Brasileiro de Segurança Pública. **Fórum**

Brasileiro de Segurança Pública, 2022. Disponível em: https://forumseguranca.org.br/anuario-brasileiro-seguranca-publica/. Acesso em: 10 de out. 2023.

GOLDENBERG, Mirian. Gênero e corpo na cultura brasileira. **Psicol. Clin**. Rio de Janeiro, v.17, n.2, p.65-80, 2005. Disponível em: http://pepsic.bvsalud.org/scielo.php?script=sci_arttext&pid=S0103-56652005000200006&lng=pt&nrm=iso. Acesso em: 09 de out. 2023.

GOLDENBERG, Mirian. Corpo, envelhecimento e felicidade na cultura brasileira. **Rio de Janeiro: Civilização Brasileira,** n° 2, 2011.

GONÇALVES, Carina. Com Covid-19 e anorexia: pandemia agravou casos de transtornos alimentares. **Azminas**, 2021. Disponível em: https://azmina.com.br/reportagens/com-covid-19-e-anorexia-pandemia-agravou-casos-de-transtornos-alimentares/. Acesso em: 09 de out. 2023.

GONÇALVES, Gabrielle. Taxa rosa: por que as mulheres pagam mais caro pelos mesmos produtos?. **iG Delas**, 2023. Disponível em: https://delas.ig.com.br/

comportamento/2023-04-15/taxa-rosa--por-que-as-mulheres-pagam-mais-caro-pelos-mesmos-produtos.html. Acesso em: 09 de out. 2023.

GONZALEZ, Lélia; RIOS, Flávia; LIMA, Márcia (orgs.). *Por um feminismo afro-latino-americano*. Rio de Janeiro: Zahar, 2020.

INSTITUTO BRASILEIRO DE GEOGRAFIA E ESTATÍSTICA (IBGE). Estatísticas de gênero: indicadores sociais das mulheres no Brasil. **Estudos e Pesquisas: Informação Demográfica e Sócio Econômica**, n. 38, 2ª edição. Disponível em: https://biblioteca.ibge.gov.br/visualizacao/livros/liv101784_informativo.pdf. Acesso em: 09 de out. 2023.

JORNAL O GLOBO. 'Menino veste azul e menina veste rosa', defende a ministra Damares. YouTube, 2019. Disponível em: https://www.youtube.com/watch?v=XneG8mC5CGo. Acesso em: 09 de out. 2023.

Lei Maria da Penha. **Conselho Nacional De Justiça (CNJ)**. Brasília, DF. Disponível em: https://www.cnj.jus.br/lei-maria-da-penha/. Acesso em: 09 de out. 2023.

LEWGOY, Julia. Seguro de carro é 23% mais barato para

mulheres do que para homens. **Valor Investe** — São Paulo, 2020. Disponível em: https://valorinveste.globo.com/produtos/seguros/noticia/2020/03/07/seguro-de-carro-para-mulheres-e-ate-23percent-mais-barato-do-que-para-homens.ghtml. Acesso em: 09 de out. 2023.

LIMA, Gabriel. Vídeo: Xuxa revela que passou por plástica sem seu consentimento. **Metrópoles**, 2023. Disponível em: https://www.metropoles.com/celebridades/video-xuxa-revela-que-passou-por-cirurgias-esteticas-nao-autorizadas. Acesso em: 09 de out. 2023.

MARTINS, Fran. Mais de 70 milhões de pessoas no mundo possuem algum distúrbio alimentar. **Ministério da Saúde**, 2022. Disponível em: https://www.gov.br/saude/pt-br/assuntos/noticias/2022/setembro/mais-de-70-milhoes-de-pessoas-no-mundo-possuem-algum-disturbio-alimentar. Acesso em: 09 de out. 2023.

MENDONÇA, Renata. O curso que tenta ensinar homens a não agredirem mais mulheres. **BBC Brasil**, 2017. Disponível em: https://www.bbc.com/portuguese/brasil-40389536.

Acesso em: 09 de out. 2023.

MINISTÉRIO PÚBLICO DE SÃO PAULO. Raio X do Feminicídio em São Paulo: é possível evitar a morte. **Núcleo de Gênero MPSP**. Disponível em: http://www.mpsp.mp.br/portal/page/portal/Nucleo_de_Genero/Feminicidio/RaioXFeminicidioC.PDF. Acesso em: 09 de out. 2023.

MOÇA, você é machista. Disponível em: https://www.facebook.com/MocaVoceEMachista. Acesso em: 18 out. 2023.

MOYA, Isabela. Machismo: você entende mesmo o que significa?. **Politize!**, Disponível em: https://www.politize.com.br/o-que-e-machismo/. Acesso em: 09 de out. 2023.

PIEDADE, Vilma. *Dororidade*. 1ª ed. São Paulo: Nós, 2017.

RIBEIRO, Djamila. *O que é lugar de fala?* São Paulo: Editora Jandaíra, 2019.

SANTOS, Ana Paula. Sororidade: por que precisamos falar sobre isso?. **Politize!**, 2023. Disponível em: https://www.politize.com.br/sororidade/. Acesso em: 09 de out. 2023.

Todo lo que debe saber sobre promover la igualdad salarial. **ONU Mujeres**, 2020. Disponível em: https://www.unwomen.

org/es/news/stories/2020/9/explainer-everything-you-need-to-know-about-equal-pay. Acesso em: 09 de out. 2023.

TORRES, Carolina. Quarta onda do feminismo: entenda as características do movimento feminista no século 21. **Politize!**, 2023. Disponível em: https://www.politize.com.br/quarta-onda-do-feminismo/. Acesso em: 09 de out. 2023.

ZIRBEL, Ilze. **Ondas do feminismo**. Unicamp. Disponível em: https://www.blogs.unicamp.br/mulheresnafilosofia/ondas-do-feminismo/. Acesso em: 09 de out. de 2023.

Notas do prefácio

1 ONU Mulheres Brasil. Disponível em: https://www.onumulheres.org.br/noticias/81-dos-homens-consideram-o-brasil-um-pais-machista/. Acesso em: 18 de out. de 2023.

2 Portal Fundação Getúlio Vargas. Disponível em: https://portal.fgv.br/artigos/maes-solo-mercado-trabalho-crescem-17-milhao-dez-anos. Acesso em: 18 de out. de 2023.

Notas

3 Lei nº 13.104, de 9 de março de 2015. Altera o art. 121 do Decreto-Lei nº 2.848, de 7 de dezembro de 1940 — Código Penal, e assim prevê o feminicídio como circunstância qualificadora do crime de assassinato, e o art. 1º da Lei nº 8.072, de 25 de julho de 1990, incluindo, assim, o feminicídio no rol dos crimes hediondos. (N.E.)

4 Gaslighting é quando a pessoa que abusa faz uso de manipulação de informações até o ponto de a pessoa abusada passar a duvidar de si mesma e de sua sanidade mental. Isso inclui afastá-la de pessoas significativas,

como familiares e amigos, para aumentar o controle sobre ela. (N.E.)

Conheça os demais livros da Coleção QoT.

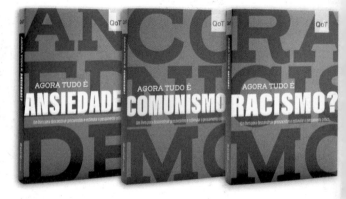

Primeira edição (novembro/2023)
Papel de miolo Lux cream 70g
Tipografias Henderson slab e Mrs Eaves XL Serif
Gráfica Santa Marta